Flow in der Firma: Die Magie agiler Teams

Eine Blaupause für flow-basierte Agilität

Valentin Nowotny

Flow in der Firma: Die Magie agiler Teams

Eine Blaupause für flow-basierte Agilität

Valentin Nowotny

ISBN 9781980590002

Leanpub

Dies ist ein Leanpub-Buch. Leanpub bietet Autoren und Verlagen, mit Hilfe von Lean-Publishing, neue Möglichkeiten des Publizierens. Lean Publishing bedeutet die wiederholte Veröffentlichung neuer Beta-Versionen eines eBooks unter der Zuhilfenahme schlanker Werkzeuge. Das Feedback der Erstleser hilft dem Autor bei der Finalisierung und der anschließenden Vermarktung des Buches. Lean Publishing unterstützt den Autor darin ein Buch zu schreiben, das auch gelesen wird.

© 2017 - 2018 Valentin Nowotny

Ebenfalls von Valentin Nowotny

Agile Strukturen: Erfolgsmodelle der Zukunft

Der Meisterverhandler: Verhandeln 4.0

Agile Führung: Leadership 4.0

The Master Negotiator: Negotiation 4.0

Agile Tools, agile Praktiken: Agiles Arbeiten 4.0

Agile Skalierung: Ein professioneller Leitfaden zu SAFe, LeSS, Scrum@Scale, Nexus und DAD

Management 3.0: Agile Leadership Tools

Agile Leadership: Leadership 4.0

Agile Structures: Success Models for the Future

Agile Tools, Agile Practices: Agile Working 4.0

Inhaltsverzeichnis

Vorwort 1

Kapitel 1: Die psychologischen Grundlagen des Flows . . 5
    Vier Arten von Flow im Unternehmen 7
    Die Psychologie des Flows 7
    Flow-Erleben bei der Arbeit 8

Kapitel 2: Führen mit dem Flow-Prinzip 17
    Die Haltung macht den Unterschied 20
    Anforderungen an den Flow-Promoter 21
    Bauen Sie eine Flow-Arena! 22
    Das Konzept der Reiss'schen Lebensmotive 24

Kapitel 3: Die Motive der Mitarbeitenden kennen 27
    Rahmenmodell der Führung 30
    Die drei Dimensionen der Leistung 32
    Entwicklung einer autotelischen Persönlichkeit 33
    Die Identifikation von Flow-Hemmnissen 34

Kapitel 4: Der Lebenszyklus eines Unternehmens 35
    Der "Prime-Zustand" 35
    Grundvoraussetzungen für Organizational Flow 36
    Das Lebenszyklus-Modell von Gustav Greve 37

Kapitel 5: Teams in Höchstform bringen 39
    Ein motivierendes Klima schaffen 39

INHALTSVERZEICHNIS

    Sinnhafte und transparente Ziele mit dem Kurz-Szenario   40
    Selbstorganisation agil ausgestalten   41
    Wechselseitige Anerkennung im Team mittels Kudo-Karten   41
    Den Transfer konkret machen   42
    Meine Roadmap   43

Literatur **45**

Zum Autor **47**

Vorwort

Wer möchte nicht auch motivierte, mitdenkende, kreative Mitarbeiter die erfolgreich als Unternehmer vor Ort agieren? Viele operativ tätige Führungskräfte haben allerdings das Gefühl, dass es ohne Ihre Impulse, ohne ihren fortwährenden eigenen dynamischen Vortrieb nichts läuft. Das kann dazu führen, dass die vorhandenen Potentiale bei der Führungskraft und bei den Mitarbeitern nicht voll zur Geltung kommen. Statt sich auf das zu konzentrieren was nicht funktioniert, braucht es einen Fokus auf den positiven Unterschied, auf eine nachhaltige, zeitgemäße und intrinsisch ausgerichtete Motivation, kurz auf den Flow. Nur wie lässt sich dieser in die Struktur und in die Prozesse meines Unternehmens, meiner Abteilung einbauen?

Das Flow-Konzept ist ein psychologisch fundiertes Vorgehen, das es erlaubt, von jedem Mitarbeiter und jeder Mitarbeiterin wirklich die hundert Prozent zu erhalten. Zudem entlastet das Führen nach dem Flow-Modell die Führungskraft, denn die Motivation kommt hier „von innen". Wie können Sie dieses Konzept in unterschiedlichen Führungssituationen nutzen? Zur Analyse, zur Vorbereitung auf ein Mitarbeitergespräch, zur Veränderung der Meeting-Kultur in Ihrer Abteilung oder Ihrem Bereich, etc. Zudem erhalten Sie wertvolle Anregungen wie Sie eine Flow-Kultur im Unternehmen etablieren, wie Sie Ihre Organisation deutlich wiederstandfähiger aufstellen als bisher.

Der Ansatz „Flow in der Firma" bietet eine Vielzahl von wissenschaftlich geprüften Instrumenten, um diese Entwicklung in eine positive Richtung zu etablieren. Die hieraus abgeleiteten Führungsmethoden und -instrumente bilden eine kraftvolle Grundlage für einen modernen und zukunftsorientierten Führungsansatz, der psychologisch-zukunftsweisende Aspekte rund um das agile Management in einem integrierten Modell einschließt. Wer sich mit dem Flow-Konzept in Unternehmen beschäftigt, entwickelt eine innere Haltung die Mitarbeitende einlädt, inspiriert und ermutigt, sich persönlich einzubringen und weiterzuentwickeln. Manche Mitarbeiter sind so wie sie sich jede Führungskraft wünscht: Hoch motiviert, sie denken selbst mit, zeigen Eigenmotivation, und können auch gut mit Stresssituationen umgehen. Andere wiederum kommen weniger gut zurecht: Sie beschweren sich häufig über zu viel Arbeit, arbeiten oft unsorgfältig, ziehen die Stimmung runter und sind möglicherweise sogar noch oft abwesend.

Die interessante Frage ist, was unterscheidet die eine Gruppe von der anderen und was können Sie als Vorgesetzter dazu beitragen, dass Ihre Mitarbeiter hoch motiviert mit Freude, stressfrei und produktiv arbeiten? Sie lernen in diesem Buch Stärken zu stärken, Flow zu erzeugen und Sinn zu geben: Flow in der Firma - Ihre persönliche „Blaupause" als moderne und zukunftsorientierte Führungskraft.

Das erwartet Sie in diesem NowConcept-Pocket-Book:

Kapitel 1: Die psychologische Grundlagen des Flows: Worauf basiert Flow? Was sind die psychologischen Mechanismen?

Kapitel 2: Führen mit dem Flow-Prinzip: Was ist aus einer Führungsperspektive heraus zu beachten? Wie bringe ich meine MitarbeiterInnen in den Flow-Kanal?

Kapitel 3: Die Motive der Mitarbeitenden kennen: Jeder Mensch tickt anders! Wie lassen sich die unterschiedlichen Motivationshintergründe einordnen und wie läßt sich die Situation motivational optimal gestalten?

Kapitel 4: Der Lebenszyklus eines Unternehmens: Viele Unternehmen haben Ihre positiven Wachstumsmomente längst hinter sich gelassen. Wie sieht es in Ihrer Organisation aus?

Kapitel 5: Teams in Höchstform bringen: Was kann man alles aus einem Team herausholen? Was genau sind die Voraussetzungen hierfür?

Ein Literaturverzeichnis sowie eine Autorenseite runden das Buch ab.

Soweit die Agenda dieses Buches.

Und an dieser Stelle noch eine Bitte in eigener Sache: Nichts und niemand ist fehlerfrei, leider! Besonders fehlerbehaftet sind jedoch Bücher, die nicht durch ein klassisches Verlagslektorat gegangen sind, wie zum Beispiel die Bücher der NowConcept-Pocket-Book Serie.

Deswegen: Wenn Sie Fehler finden, nicht ärgern, sondern einfach eine kurze Mail schicken an fehlerteufel@nowconcept.de

Wir freuen uns über Ihre Anmerkungen und arbeiten die Korrekturen in alle kommenden Fassungen dieses Buches ein. Die zukünftigen Leser/innen werden es Ihnen danken!

Kapitel 1: Die psychologischen Grundlagen des Flows

„Ewige Wachsamkeit ist der Preis unserer Freiheit" - Thomas Jefferson

---

Freiheit braucht Regeln, und Regeln brauchen Freiheit. Im Flow wird die spielerische Freiheit in einem Regelsystem gespielt, dass lediglich den Rahmen, wir können auch sagen, die Leitplanken definiert. Ein Grafikdesigner hat einmal gesagt: "Ich arbeite lieber mit Blech als mit Kunststoff, Blecht erlaubt bestimmte Dinge nicht, das finde ich reizvoll." Ein gewisser Grad an Herausforderung ist also flow-förderlich: "Das Gefühl der spielerischen Freiheit stellt sich erst ein, wenn man ein bestimmtes Set an Regeln einhält" umschreibt es Csikszentmihalyi (sprich: Tschik-sent-mi-haji) in einer Jahre 2010. Was bedeutet das: man folgt also freiwillig einer Regel und kommt so in den Genuss einer sich voll und ganz erfüllenden Erfahrung.

Das ist auch der Grund warum Fußball für viele Menschen so aufregend ist: es handelt sich hierbei um ein zunächst sehr überschaubares Set an Regeln, die wichtigste: den Ball nicht mit den Händen spielen! Das fordert natürlich eine gewisse Art von Exzellenz geradezu heraus, nicht umsonst spricht man von Fußballkünstlern, von Ballartisten etc. Etwas Neues und Frisches entsteht sehr oft aus unserem Spieltrieb, was durchaus etwas sehr Befreiendes sein kann. Der Spiltrieb kann also ein großer Motor sein. Flow allerdings entsteht insbesondere dann, wenn sich dieser Spieltrieb an einem Rahmen, an Grenzen, an Leitplanken abarbeiten kann.

Und je ernster wir das nehmen, desto stärker wird der Effekt. Eine Buddhistische Weisheit sagt: "Verhalte Dich immer so, als würde die Erlösung des Universums von deiner Handlung abhängen. Und lache dabei immer über dich selbst, dass du glaubst, du könntest überhaupt etwas mit deinem Tun bewirken." Es ist somit falsch, Menschen einzureden, sie seien Beamte, Veraltet, Buchhalter, die immer nur verwalten statt gestalten. Auch ein eher klassischer Aufgabenzuschnitt erlaubt eine Sichtweise wie die folgende "Man ist da, um die Entwicklung der Menschheit voranzutreiben und nicht, um in den Tag hineinzuleben" Csikszentmihalyi (2010). Ob ich auch einer einfachen Tätigkeit eine Herausforderung entlocken kann hat sehr viel mit der eigenen Haltung zu tun. Anzunehmen, man könne die Welt verändern kann also dazu führen, dass sich Flow erleben läßt.

Aber Flow lässt sich auch anders definieren:

„Flow ist der Begriff für persönliche Euphorie, die man beeinflussen kann." (Gustav Greve, 2016).

Wie können Führungskräfte, Teams oder jeder einzelne dies beeinflussen? es geht darum, immwe wieder neu Situationen zu kreieren, in denen jeder Mirarbeitende in diesen ganz bestimmte Zustand geraten kann, wo er oder sie herausgefordert ist, eine unbekannte Situation in Anspannung, höchster Konzentration und Aufmerksamkeit zu meistern – sprich: sich im Flow befinden zu können.

Das gelingt dann am besten, wenn die Tätigkeit sowohl mit Spiel als auch mit Arbeit umschrieben werden kann. „Es wäre schön und ein großes Glück, wenn sich diese Situation – dass Spiel und Arbeit zusammenfallen – bei jedem von uns einstellen würde" (Csikszentmihalyi, Mihaly & Szöllösi, Ingeborg, 2010).

Vier Arten von Flow im Unternehmen

Bei den agilen Praktiken wie z.B. Kanban ist Flow einer der wichtigen Werte. Bei Steve Tendon ist nachzulesen, dass es im Unternehmen genau vier Arten des Flows gibt, die sich durch das gesamte Unternehmen ziehen. Flow entsteht demnach auf vier unterschiedlichen Ebenen (vgl. Tendon, 2015):

1. operationaler Flow,

2. finanzieller Flow,

3. Informations-Flow sowie

4. psychologischer Flow.

Alle vier Punkte sind in Zusammenhang mit einer inspirierenden Führung, klaren Zielen und einer hohen erleben Sinnhaftigkeit Merkmale einer modernen und agilen Organisationsausrichtung.

Die Psychologie des Flows

Das weit bekanntere im engeren Sinne psychologische Flow-Konzept stammt von Mihaly Csikszentmihalyi (2012). Es wurde von ihm beschrieben als Zustand bei dem jemand Aktivitäten nachgeht, bei dem die Person sehr stark involviert ist und sich voll auf die Tätigkeit fokussiert. Im Flow ist man so auf sein Tun so fokussiert, sodass man um sich herum kaum noch etwas wahrnimmt, außer der Handlung, die man gerade ausführt. Anders herum gesagt, man ist optimal engagiert und motiviert, hat Freude bei der Arbeit, und befindet sich also in einem erstrebenswerten Zustand, der nicht überfordert, jedoch auch nicht unterfordert, also im positiven Sinne „im Flow-Kanal", also eine Zone in der weder Über- noch Unterforderung gilt, die Person vielmehr voll motiviert ist

Die Aufgabe von Führung kann in diesem Zusammenhang also beschrieben werden als zielgerichtete Unterstützung jedes einzelnen Mitarbeitenden sich optimal im eigenen „Flow-Kanal" zu bewegen. Hilfreich sind hierfür vielen Interkationen und Kurzgespräche sowie die Beobachtung der Körpersprache in Bezug auf mögliche Überforderung oder Unterforderung des Mitarbeitenden Das Flow-Konzept liefert auch einen eigenen Beitrag zur sogenannten „Gesunden Führung" und sollte daher in den Werkzeugkoffer jeder modernen Führungskraft Einzug finden.

Flow-Erleben bei der Arbeit

Menschen, die ein glückliches Leben führen, kommen oft nicht aus der Welt der Kunst oder Wissenschaft, sondern aus der Welt genannter „niedriger" Arbeiten". Csikszentmihalyi (2012) bring hier ein schönes Beispiel: eine Almbäuerin, da tagein tagaus riesige Ballen von Stroh über die Alm zu tragen hat, genießt ihr einfaches Leben und läßt es sich nicht nehmen, während ihrer Arbeit mit allem und allen ins Gespräch zu kommen, mit Menschen, Tieren, Pflanzen oder Zugvögeln. Auch eine alte christliche Weisheit sagt: „Du kannst genau so glücklich sein, Kartoffel zu schälen wie Kathedralen zu bauen, wenn du es für den Glanz Gottes tust!"

Die politisch linke Sicht "Glücklich sein durch die Arbeit – das kann nur zu Ausbeutung führen, weil es wie Opium die Arbeiter einlullt und unkritisch werden lässt" darf psychologisch als überholt gelten. Es ist eine Frage des Klimas, der Stimmung und der Atmosphäre. Arbeit kann sehr wohl glücklich machen, wenn man sie psychologisch klug und mit Sinn organisiert.

Aber es kann natürlich auch in die andere Richtung gehen, denn es gibt auch eine mögliche Negativ-Spirale: Menschen, die sich "überfordern und zwanghaft ehrgeizig sind, um ja alle anderen zu übertrumpfen und die Nummer eins zu werden. Dann sind sie längst nicht mehr in ihrem ganz natürlichen Fließgleichgewicht, sondern entfernen sich in großen Schritten vom flow-Zustand und nähern sich rasant dem Burn-out-Zustand" führt Mihaly Csikszentmihalyi (2012) aus. Denn "...um Flow zu erfahren, darf der Einzelne sich weder über- noch unterfordern, sonst kann er sich nicht so auf das fokussieren, was er tut, wie es ihm gemäß wäre.".

Eine Story, die das wunderbar illustriert, ist die von einer schwedischen Polizeistation. Dort war es üblich zu zweit auf Streife zu gehen. Für viele nicht befriedigend, da immer einer automatisch die Führung übernahm und der andere sich zurückgesetzt fühlte. Aus einem Flow-Gedanken heraus wurde also wieder die Einzelstreife eingeführt, bei wirklich brenzligen Situationen konnte über moderne Kommunikationsmedien jederzeit Verstärkung angefordert werden, damit war die Sicherheit wieder gewährleistet, und die Polizeiarbeit machte wieder Spaß!

Die sechs Komponenten des Flow

Flow läßt sich über sechs unterschiedlichen Kennzeichen beschreiben (vgl. Stange, 2017):

> Handlungsanforderungen und Rückmeldungen werden als klar und interpretationsfrei erlebt, so dass man jederzeit und ohne nachzudenken weiss, was jetzt zu tun ist.

Man fühlt sich optimal beansprucht und hat auch bei hohen Anforderungen das sichere Gefühl, das Geschehen noch unter Kontrolle zu haben.

Der Handlungsablauf wird als glatt erlebt. Ein Schritt geht flüssig in den nächsten über, als liefe das Geschehen gleitend wie aus einer inneren Logik ab (= Flow).

Man muss sich nicht willentlich konzentrieren, vielmehr kommt die Konzentration wie von selbst (wie die Atmung). Alle Kognitionen, die nicht unmittelbar auf die jetzige Ausführungsregulation gerichtet sind, werden ausgeblendet.

Das Zeiterleben ist stark beeinträchtigt; man vergisst die Zeit und weiss nicht, wie lange man schon dabei ist. Stunden vergehen wie Minuten. Man erlebt sich nicht mehr abgehoben von der Tätigkeit, sondern geht vielmehr gänzlich in der eigenen Aktivität auf (= Verschmelzen von Selbst und Tätigkeit).

Es kommt zum Verlust von Reflexivität und Selbstbewusstheit. Hierin liegt aber auch eine Gefahr; wenn die Person ganz in der Regulation eines schnell ablaufenden und hoch komplexen Geschehens aufgeht, verlieren allgemeine Vorsätze zur Tätigkeitsausführung ihre Verhaltenswirksamkeit.

Der gute Vorsatz ist zwar nicht vergessen, ist aber als abstrakte Maxime auf einer Ebene abgespeichert, die im Flow-Zustand außer Betracht bleibt.

Definition von Flow

Der Psychologe Mihaly Csikszentmihalyi definiert Flow wie folgt:

Die Aktivität hat deutliche Ziele: unmittelbare Rückmeldung und die Tätigkeit hat ihre Zielsetzung bei sich selbst (ist autotelisch)

Wir sind fähig, uns auf unser Tun zu konzentrieren.

Anforderung und Fähigkeit stehen im ausgewogenen Verhältnis, so dass keine Langeweile oder Überforderung entsteht.

Wir haben das Gefühl von Kontrolle über unsere Aktivität.

Mühelosigkeit: Unsere Sorgen um uns selbst verschwinden.

Unser Gefühl für Zeitabläufe ist verändert.

Handlung und Bewusstsein verschmelzen.

Ziel- und Handlungsklarheit

Eine Person, die nun weiß, "was" und "wie" sie etwas zu tun hat (Ziel- und Handlungsklarheit) und deren Fähigkeiten den Anforderungen der Tätigkeit gerecht werden, kann sich ganz auf das Ausführen der Tätigkeit einlassen, also in der Tätigkeit aufgehen. Die volle Aufmerksamkeit kommt dem Lösen der Aufgabe zugute.

Die Person ist nicht mehr abgelenkt durch sozialpsychologisch relevante Gedanken wie "was denken die anderen über mich", "wie komme ich an, wenn ich A oder B mache", sondern hat die Chance, sich positiv rein auf die Aufgabenbewältigung zu konzentrieren, ein Tun zu entfalten, in dem eine hohe Übereinstimmung äußerer Anforderungen und innerer Wünsche und Ziele besteht.

Veränderung des Zeitempfindens

Weshalb vergessen Menschen im Flow die Zeit? Weshalb denken wir nicht an unsere Sorgen?

Eine mögliche Erklärung kommt aus der Gedächtnispsychologie. Das Mehrspeichermodell unterteilt das Gedächtnis in ein Ultrakurzzeit- (sensorischer Speicher), ein Kurzzeit- und ein Langzeitgedächtnis.

Der Ansatz von Alan Baddeley spricht nun nicht mehr von Kurzzeitgedächtnis, sondern von einem „Arbeitsgedächtnis". In seinem Ansatz geht es darum, dass das Arbeitsgedächtnis in der Verarbeitungsmenge, also Kapazität pro Zeiteinheit, beschränkt ist. D.h. das Bewusstsein, die Aufmerksamkeit kann zu einem Zeitpunkt nur 7 ± 2 Einheiten verarbeiten.

Durch die selektive Wahrnehmung fokussieren Menschen ihr Bewusstsein auf bestimmte Aspekte in ihrer Umwelt bzw. in den Wissensstrukturen; dies wird dann Aufmerksamkeit genannt. Damit verändert sich der Fokus, das normale Empfinden zum Fluss der Zeit wird durch andere Dinge verdrängt, die sich dann im Mittelpunkt der Aufmerksamkeit befinden.

Die Koordinaten des täglichen Erlebens

Die von Csikszentmihalyi genannten Koordinaten des täglichen Erlebens unterteilen den Möglichkeitsraum der Zustände in acht unterschiedliche Abschnitte (vgl. Csikszentmihalyi, 2004, S. 100):

Flow (konzentriert / glücklich)

Kontrolle / Steuerung (glücklich / zuversichtlich)

Entspanntheit (zuversichtlich / zufrieden)

Langeweile (lustlos / zufrieden)

Apathie (traurig / deprinmiert)

Besorgt (angespannt / traurig)

Angst (angespannt / wach)

Erregung (wach / konzentriert)

Diese Modell von Csikszentmihalyi ist eine Weiterentwicklung des ursprünglich unter dem Begriff „Flow-Kanal" bekannt gewordenen ersten Modell, welches nun von einer sehr umfänglichen empirischen Datenbasis gestützt wird. Wenn Menschen also feststellen, dass sie mit den konkreten Handlungsanforderungen einer gegebenen Situation und den in dieser Situation angesprochenen Fähigkeiten bzw. Fertigkeiten über dem eigenen Durchschnittsniveau liegen, dann erleben sie „Flow". Das Gegenteil wäre ist Zustand der Apathie , in dem sowohl die Anforderungen als auch die vorhandenen Fähigkeiten / Fertigkeiten gering sind.

Andere Kombinationen von Anforderungen und Fähigkeiten fuhren dann entsprechend zu Besorgtheit, Angst und Erregung (wenn die Anforderungen die Fähigkeiten übersteigen) bzw.

zu Kontrolle / Steuerung, Entspanntheit und Langeweile (wenn die Fähigkeiten die Anforderungen übersteigen).

Weitere Emotionen bzw. Empfindungen, wie sie für die einzelnen „Kanäle" typisch sind, finden sich in in der textlichen Darstellung oben in Klammern, also z.B. „wach, konzentriert" bei Erregung oder "glücklich, zuversichtlich" bei Kontrolle / Steuerung (vgl. Csikszentmihalyi, 2004, S. 100).

Der Zusammenhang von Aktivitäten und Erleben

Manche täglich wiederkehrenden Aktivitäten fuhren mit einiger Wahrscheinlichkeit zum Flow-Erlebnis, während andere eher zu Angst oder Entspannung fuhren.

Es gibt mehrere Aktivitäten, die mit unterschiedlichen Kombinationen von Anforderungen und Fähigkeiten und folglich auch mit unterschiedlichen Emotionen (siehe oben) verbunden sind.

In einer Arbeitssituation kann man sich im Flow befinden, man kann sich aber auch in den Kanälen von Steuerung/Kontrolle, Langeweile, Besorgtheit oder Angst befinden, je nach dem Verhältnis von Anforderungen und Fähigkeiten.

Der Zusammenhang von Aktivitäten und Erlebensqualität

Manche täglich wiederkehrenden Aktivitäten fuhren mit einiger Wahrscheinlichkeit zum Flow-Erlebnis, während andere eher zu Angst oder Entspannung fuhren.

In dem Modell von Csikszentmihalyi gibt es mehrere Aktivitäten, die mit unterschiedlichen Kombinationen von Anforderungen und Fähigkeiten und folglich auch mit unterschiedlichen Emotionen verbunden sind (vgl. Csikszentmihalyi, 2004, S. 103).

Im Flow-Bereich befinden sich:

>Bevorzugte Tätigkeiten (Hobby, Arbeit, Liebesleben)

Mehr minder weit entfernt davon liegen:

>Autofahren / Arbeiten

>Essen / Lesen / Konversation

>Arbeit / Hausarbeit

>Alleinsein / Fernsehen

>Familiäre Probleme / Ärger am Arbeitsplatz

>Arbeitsstress / Plötzliche Bedrohung

>Neue Aufgaben / Lernen

In einer Arbeitssituation kann man sich im Flow befinden, man kann sich aber auch in den Kanälen von Kontrolle / Steuerung, Langeweile, Besorgtheit oder Angst befinden, je nach dem Verhältnis von Anforderungen und Fähigkeiten.

Kapitel 2: Führen mit dem Flow-Prinzip

"Es gibt keinen Augenblick, in dem wir nicht einen neuen Weg einschlagen könnten." - Charles de Foucauld

---

In diesem Kapitel geht es um Flow-Erleben und die sogenannte internistische Motivation, von rein materiellen Dingen abgesehen, das mit Abstand wichtigste Element der Mitarbeiterzufriedenheit. Darüber er hinaus untersuchen wir die Einflussgrößen auf die Performance und wie Stress-Effekte das Flow-Erleben beeinflussen können. Ausgangspunkt ist das Flow-Erleben bei der Arbeit und die sogenannte "autotelische Persönlichkeit".

Das Führen nach dem Flow-Konzept hat zwei Ebenen: der erste ist die Herausbildung einer sogenannten "autotelische Persönlichkeit" bei den Mitarbeitenden, also jemand sich selbst auf die Suche nach herausfordernden Zielen macht und sich bei deren Verfolgung immer wieder selbst in den Flow-Zustand bringen kann. Zum zweiten geht es um den sogenannten Organisational Flow. Organisational Flow umschreibt eine Organisation, die das Flow-Erleben jedes Einzelnen, aber auch das Flow-Erleben von Teams, nachhaltig unterstützt, so dass eine neue Qualität der Zusammenarbeit uns bislang für unmöglich gehaltene Erfolge möglich werden.

1) Die autotelische Persönlichkeit

Manche Menschen gelangen eher als andere in den Flow-Zustand, sie werden autotelische Persönlichkeiten genannt. Sie können Situationen durch Umbewertung und Umstrukturierung in Flow-konforme Aktivitäten umwandeln.

„Flow-Aktivitäten sind nicht jedermann im gleichem Maße zugänglich" (Csikszentmihalyi, 1985, S. 97). So gibt es große Unterschiede in der Häufigkeit und der Intensität, mit der Menschen es vermögen, in den Flow-Zustand zu kommen. Csikszentmihalyi nennt Menschen, die schneller als andere in den Flow kommen, autotelische Persönlichkeiten.

Nach Csikszentmihalyi können folgende Fähigkeiten genannt werden, welche die autotelische Persönlichkeit auszeichnen. Solche Personen sind in der Lage:

- schwierige Situationen in zu bewältigende Herausforderungen umwandeln

- eigene Möglichkeiten erkennen und sich erreichbare Ziele setzen

- Handlungsmöglichkeiten realisieren

- die eigenen Fähigkeiten verbessern und

- die Konzentration auf einen beschränkten Umweltabschnitt lenken und ihre Selbstaufmerksamkeit reduzieren

Um in Bild zu bleiben: autotelische Persönlichkeiten bewegen sich eigenständig immer in die positiv motivierende Zone des Flow-Kanals und kommen so in den Genuss eines immer wieder aktivierbaren „Motivations-Fallschirms".

2) Organisational Flow

10 Tipps für mehr Flow (vgl. Stangl, 2017):

Hier findet sich eine kleine Sammlung von Tipps für mehr Flow, die man ganz konkret den Mitarbeitenden geben kann:

- Suchen Sie sich Anforderungen, die Ihren Fähigkeiten entsprechen.

- Legen Sie bei herausfordernden Tätigkeiten immer wieder Pausen ein.

- Setzen Sie sich klare, erreichbare Ziele, und holen Sie sich regelmäßig Feedback.

- Schaffen Sie Handlungsspielräume, etwa indem Sie selbst entscheiden, wann und wie Sie eine Aufgabe erledigen.

- Machen Sie sich die Bedeutung Ihrer Aufgaben bewusst.

- Holen Sie sich bei schwierigen Problemen Unterstützung von anderen.

- Bearbeiten Sie wichtige Aufgaben morgens, zirka eine Stunde nach dem Aufstehen.

- Aktivieren Sie sich mit leichter Bewegung, etwa einem Spaziergang.

- Wenn Sie gestresst sind, atmen Sie langsam aus oder machen Sie eine Entspannungsübung.

- Sorgen Sie für Entspannung am Abend, um effektiv abzuschalten.

Corporate Spirit: Eine Form des Organizational Flow

Organisational Flow last sich schwer erschaffen, vielmehr begegnet er einem, wie die folgende Episode deutlich macht, die Gustav Geve in seinem Buch "Oranizational Flow" schildert:

„Das erste Mal begegnete ich einem Organizational Flow 1990. Damals wusste ich natürlich noch nicht, dass es dieses organisationspsychologische Phänomen gibt, aber ich spürte sofort – schon bei den Vorstellungsgesprächen – diese fröhlich professionelle Dynamik bei Arthur D. Little. Ich fragte den damaligen CEO – Tom Sommerlatte – was diesen prickelnden Geist der Company ausmache und seine Antwort war unvergesslich: ‚Das ist der Corporate-Spirit, erklären kann man das nicht, aber wenn du ihn triffst, sag mir Bescheid.'" (zitiert nach Greve, 2016, S. 57).

Die Haltung macht den Unterschied

Welche Managementhaltungen sind hilfreich, um das Auftreten des Organizational Flow zu fördern? (vgl. Greve, 2016, S. 48):

Sie sind selbst voller Leidenschaft für ihre Ziele und Sie begeistern für Ihre Ideen.

Sie sind vorbildlich in Ihrer Zielstrebigkeit und authentisch im Verhalten.

Sie sind konsequent im Handeln, fair in der Härte und stabil in Konflikten.

Sie verstehen es, durch wertschätzende Rituale Ihre Mitarbeiter emotional zu binden.

Sie fordern Ihre Mitarbeiter heraus, aber Sie berücksichtigen auch deren Grenzen.

Sie übertragen bewusst hohe Verantwortung, lassen aber niemanden allein.

Sie sagen klar, was zu sagen ist, und was Sie sagen, ist wahr.

Sie ermutigen und fördern Talente, Aufstiegspositionen besetzen Sie aus den eigenen Reihen.

Sie respektieren Ihre Mitarbeiter, bleiben tolerant und geduldig, auch wenn es mal schiefgeht.

Sie sind guter Laune, selbstsicher und optimistisch.

Anforderungen an den Flow-Promoter

Organizational Flow ist ein Zustand, den Sie mit Managementmethoden gezielt fördern können. Überprüfen Sie aber zunächst Ihre eignen Soft Skills, bevor Sie andere zu Höchstleistungen bringen wollen. Fragen Sie sich, ob die folgenden Aussagen auf Sie zutreffen:

Sie sind ein leidenschaftlicher Anführer und begeistern andere.

Ihre Zielstrebigkeit ist authentisch.

Sie gelten als konsequent und fair.

Die Führung und Motivation von Mitarbeitern liegen Ihnen.

Sie können delegieren, bleiben aber in der Nähe.

Sie denken voraus.

Trends und Prognosen sind Ihnen wichtig.

„Wer die Anstrengung scheut, eine besondere Leistung zu erbringen, wird Flow nie erleben."

Denken Sie daran, dass Flow für jeden Einzelnen eine Herausforderung darstellt. Das schließt auch die Herausforderung für Sie als Führungskraft mit ein. So müssen Sie die Balance zwischen Langeweile und Überforderung ebenso wie die zwischen zu vielen und zu wenigen Grenzen für Ihre Mitarbeiter finden.

Bauen Sie eine Flow-Arena!

„Organizational Flow fällt nicht vom Himmel, kann aber auch nicht per Rundmail angeordnet werden. Organizational Flow muss gelebt und vorgelebt werden." - Gustav Greve

Organizational Flow muss von den Führungskräften vorbereitet und vom Team gelebt werden. Die Grundlage dafür, eine Flow-Arena, etablieren Sie z.B. wie folgt (vgl. Greve, 2016):

Konstruieren Sie mit Ihrem Team ein gewinnbringendes und alle begeisterndes Geschäftsmodell.

Übertragen Sie Verantwortung auf die Mitarbeiter, auch auf jene, die das noch nicht gewohnt sind.

Halten Sie Ihre Hierarchien flach und geben Sie Ihren Mitarbeitern mehr Eigenverantwortung.

Verwandeln Sie Meetings in ritualisierte Teamevents.

Visualisieren Sie die Wertschöpfungskette und verinnerlichen Sie diese mit dem Team, sodass jeder seine Aufgabe und seinen Beitrag zum Gesamtergebnis kennt.

Entwerfen Sie eine Vision und verbinden sie hohe Ziele damit.

Passen Sie zusammen mit Ihren Mitarbeitern das Entlohnungssystem an.

Etablieren Sie im Team wertschätzende Rituale und ein Gefühl der Zugehörigkeit.

Gestalten Sie Ihre Organisation flexibel, sodass die Abteilungen miteinander statt gegeneinander arbeiten.

Kreieren Sie Prozesse und Aufgaben, bei denen Ihr Team an die Leistungsgrenzen gehen kann.

Sprechen Sie mit jedem Einzelnen über seine Ziele und geben Sie faires Feedback.

Schaffen Sie Konzentrations- und Rückzugsräume.

Kommunizieren Sie immer das Was; das Wie bestimmt Ihr Team.

Ermöglichen Sie offene Kommunikation ohne informelle Nebenwege.

Entwickeln Sie primär Mitarbeiter aus den eigenen Reihen.

Kümmern Sie sich um dass Wohlbefinden Ihrer Mitarbeiter; so wird Burn-outs vorgebeugt.

Legen Sie Wert auf ein ansprechendes Umfeld: sehr gute Arbeitsplätze, Parkplätze, Cafeteria, Kinderbetreuung, Firmentickets.

Lassen Sie kein Homeoffice zu – es schwächt die Gemeinschaft.

Das Konzept der Reiss'schen Lebensmotive

Prof. Steven Reiss hat mit seinen Studien und Untersuchungen die Grundlagen einer neuen Persönlichkeitstheorie gelegt. Das Reiss Profil stellt eine Revolution in der Motivationsforschung dar. Es verändert den bisherigen Blick auf das Thema grundlegend und führt zu einer Sicht die Persönlichkeit stark mit unseren Antreibern im Leben in Beziehung setzt. Diese Motive sind bei jedem Menschen vorhanden, jedoch ganz unterschiedlich ausgeprägt – was schließlich zu unserer individuellen Persönlichkeit führt!

Wissenschaftlich fundiert lassen sich somit anhand des Reiss Profils 16 verschiedene Lebensmotive unterscheiden:

    Macht,
    Unabhängigkeit,
    Neugier,
    Anerkennung,
    Ordnung,
    Sparen, Ehre,
    Idealismus,
    Beziehungen,
    Familie,
    Status,
    Rache,
    Schönheit,
    Essen,
    Körperliche Aktivität,
    Emotionale Ruhe.

Jemand der das Motiv „Beziehungen" hoch ausgeprägt hat, ist eher kontaktfreudig als jemand, der eine niedrige Ausprägung des Motivs erkennen lässt. Eine Mitarbeiterin bei der das Motiv „Status" niedrig ausgeprägt ist, lässt sich anders motivieren, als jemand, dem Statussymbole wichtig sind.

Führungsfehler entstehen häufig aus der irrigen Annahme, dass der andere ebenso „tickt" wie man selbst. Nur wer dieses Anderssein anderer akzeptiert und nicht als Bedrohung empfindet, kann die Vielfältigkeit unterschiedlicher Persönlichkeiten in einem Team nutzen. Gleichbehandlung bedeutet also nicht gleiche Behandlung aller. So wird eine Mitarbeiterin, die das Motiv „Neugier" hoch ausgeprägt hat, eher zu Veränderungen bereit sein, als eine Mitarbeiterin, die dieses Motiv niedrig ausgeprägt hat und daher auf Veränderungen eher ängstlich und misstrauisch reagieren wird.

Kapitel 3: Die Motive der Mitarbeitenden kennen

Kennen Sie das Gefühl total in einer Tätigkeit zu versinken und dabei völlig das Zeitgefühl zu verlieren? In diesen Flow Momenten scheint einfach alles zu gelingen. Was kann man tun, damit Mitarbeitende diesen Flow Zustand bewusst erreichen können, um die Arbeit besser zu machen und in optimalerer Weise auf Fehlern oder Schwierigkeiten zu lernen?

Wir stellen uns vor, wir blicken zurück in die ersten einschneidenden Lebensereignisse eines Menschen: Ein Tanzabend kurz vor Mitternacht. Peter fordert eine schöne Frau zum Tanzen auf. Er spürt von Anfang an eine positive, tiefere Verbundenheit, eine Wärme im Herzen. Jeder Schritt, jede Drehung, jede Figur, jede Kombination, einfach jede Bewegung ist im Einklang. Zum ersten Mal spürt er die völlige Harmonie von Musik, Tanz und Partnerin. Auf einmal gibt es kein gestern und kein Morgen. Peter wird klar, der kostbarste Moment ist das jetzt. Das ist nicht Magie, das ist der Flow (vgl. Kralitsch, 2012)

Wann tritt Flow konkret auf?

Wissenschaftliche Studien geben hierauf klare Antworten. Der schon erwähnte Psychologe Mihaly Cszikszentmihalyi untersuchte den Flow im Ursprung im Hinblick auf Risikosportarten, das Konzept wurde jedoch inzwischen auf viele andere Bereich wie z.B. das lernen ausgeweitet. Die Haupt-Erkenntnisse kann lassen sich in drei Sätzen zusammenfassen (vgl. Kralitsch, 2012):

> Der Flow tritt grundsätzlich nie auf, wenn man unterfordert oder gelangweilt ist.
>
> Der Flow tritt ebensowenig auf, wenn Menschen gestresst oder überfordert sind.
>
> Der Flow tritt auf, wenn Herausforderungen und eigene Fähigkeiten im Einklang sind.

Für viele Mitarbeitende bedeutet dies, das sie oftmals im Job kein Flow-Erleben haben und daher auch nicht vermuten, dass Sie diesen Zustand im Beruf erreichen könnten. Andere erleben diesen Zustand nur sehr selten und glauben daher nicht, dass sich dies wiederholen ließe. Der dritte Punkt ist also eher selten der Fall. Dabei hätte es viele Vorteile, wenn das Flow-Erleben im Beruf eher die Regel als die Ausnahme wäre. Intuitiv ist dies vielen Führungskräften klar, jedoch haben diese oftmals mit Flow-Hemmnissen zu kämpfen.

Die konkrete Arbeit mit dem Tool „Moving Motivators"

Für das Tool „Moving Motivators" wurden diejenigen Lebensmotive ausgewählt, die im Arbeitskontext besonders viel Sinn machen. Insgesamt sind es zehn unterschiedliche Motive:

ANERKENNUNG
Die Menschen um mich herum schätzen was ich tue und wer ich bin.

WISSBEGIERDE
Ich möchte viele Dinge untersuchen, lernen und ausprobieren.

FREIHEIT
Bezüglich meiner Arbeit und Verantwortung bin ich unabhängig von anderen.

SINNERFÜLLUNG
Mein Lebenssinn spiegelt sich auch in meiner Arbeit wider.

EHRE
Meine persönlichen Werte spiegeln sich in meinem Arbeitsumfeld wider und das fördert meine Loyalität.

PERFEKTIONIERUNG
Meine Arbeit fördert und fordert meine Kompetenzen, übersteigt aber meine Fähigkeiten nicht.

ORDNUNG
Es gibt ausreichend Regeln und Vereinbarungen für eine stabile Umgebung.

EINFLUSS
Es gibt genug Möglichkeiten für mich auf das Einfluss zu nehmen, was um mich herum passiert.

VERBUNDENHEIT
Ich habe gute soziale Kontakte zu den Menschen in meinem Arbeitsumfeld.

STATUS
Meine Position ist gut und von den Menschen, die mit mir arbeiten anerkannt.

Die wichtigsten Flow-Hemmnisse

Flow-Hemnisse sind in der Regel struktureller Art und sind oftmals mit Themen wir Fehlerkultur, den Zielsystemen, der Kommunikation und dem Micromanagement verbunden. Es gibt Hemmnisse gleichermaßen auf der Prozess- als auch auf der Beziehungsebene.

Fehlerkultur
Bei den meisten Unternehmen gibt es keinen klaren Umgang mit dem Thema "Fehler". Diese sind zu vermeiden, und wenn sie dennoch antreten sind sie ärgerlich und sollen abgeschafft werden. Zudem wird in der Regel der Schuldige gesucht, in der Hoffnung man habe so die Ursache gefunden.

Zielsysteme
Neben der Fehlerkultur tragen auch die implementierten Zielsysteme dazu bei, den Flow zu erschweren.

Kommunikation
Stock die Kommunikation, verstockt in der Regel auch der Flow.

Micro-Management
Ein regelrechter Flow-Killer ist dabei das Mirco-Management.

Rahmenmodell der Führung

„Gleichbehandlung" ist nicht „gleiche Behandlung". Jeder Mitarbeiter hat individuell ganz unterschiedliche Motive und Bedürfnisse. Die Kenntnis der unterschiedlichen Beweggründe ihrer Mitarbeiter erleichtert nicht nur die Kommunikation und die Zusammenarbeit zwischen Führungskräften und Mitarbeitern, sondern erlaubt eine sehr viel höhere Produktivität und Effektivität. Frauke Ion und Markus Brand beschreiben wie durch die Anwendung der Theorie der 16 Lebensmotive nach Prof. Steven Reiss die individuellen

Antreiber der Mitarbeitenden erkannt werden können und in der Führungspraxis genutzt werden können.

„Gleichbehandlung" ist nicht „gleiche Behandlung". Jeder Mitarbeiter hat individuell ganz unterschiedliche Motive und Bedürfnisse. Die Kenntnis der unterschiedlichen Beweggründe ihrer Mitarbeiter erleichtert nicht nur die Kommunikation und die Zusammenarbeit zwischen Führungskräften und Mitarbeitern, sondern erlaubt eine sehr viel höhere Produktivität und Effektivität.

Führungserfolg ist demnach von weit mehr abhängig als lediglich von der Person des Führenden. Für unsere Betrachtung hilfreich ist daher das Rahmenmodell vom Comelli & Rosenstiel (vgl. Frauke & Brand, 2009, 30):

Person des Führenden => Führungsverhalten => Reaktion des Mitarbeiters => Ergebnisse

Der generelle Rahmen wird durch die Führungsperson dargestellt. Eingebettet hierin ist immer die Person des Führenden. Dies hat wiederum unmittelbaren Einfluss auf das Führungsverhalten, z.B. in Form eines eher konsensorientierten oder autoritären Führungsstils. Dieses Führungsverhalten bedingt wiederum die Reaktion des Mitarbeitenden: Wie hoch ist die Arbeitszufriedenheit? Wie stark das Engagement? Am Ende der Kette stehen die Ergebnisse, die den Grad der Zielerreichung bestimmen.

Die drei Dimensionen der Leistung

Im Businessalltag zeigt dieses Modell, dass der Mitarbeitende gleichzeitig **WOLLEN, KÖNNEN** und **DÜRFEN** muss, um das Leistungspotenzial erfolgreich auszuschöpfen zu können.

Einen Part, das **WOLLEN** muss der Mitarbeiter in Eigenverantwortung mitbringen, d.h. er muss intrinsisch motiviert sein, denn wenn er wirklich nicht will, dann ist Hopfen und Malz verloren, um im sprichwörtlichen Volksmund zu bleiben. Denn nur wenn der Mitarbeiter wirklich will, mit anderen Worten intrinsisch motiviert ist, dann erwirtschaftet er für seinen Bereich, sein Team und im Umkehrschluss für das Unternehmen den angestrebten Erfolg.

Wenn also der Mitarbeiter sein **WOLLEN** mitbringt, dann ist es an der Führungskraft, sein **KÖNNEN** und **DÜRFEN** zu ermöglichen. Denn die Effizienz eines Mitarbeiters steht im direkten Zusammenhang mit seiner Führung. Während das **KÖNNEN** einer gemeinsamen Anstrengung bedarf, liegt das **DÜRFEN** vollständig in der Hand der Führungskraft.

Geht man davon aus, dass alle drei Elemente multiplikativ verknüpft sind, so bedeutet dies, dass in allen drei Bereichen ausreichend „Leistungskraft" vorhanden sein muss, um am Ende erfolgreich zu sein:

Leistung = Können x Wollen x Dürfen

Entwicklung einer autotelischen Persönlichkeit

Eine Person, die eine autotelische Persönlichkeit besitzt, ist in der Lage, alle das eigenständig zu initiieren, was mit einem positiven Flow-Erleben zu tun hat. Solche Personen sind in der Lage, grundsätzlich Freude an allem zu finden, was ihnen begegnet. Klarheit der Ziele ist hierbei ein unterstützendes Element.

Bei Csikszentmihalyi finden sich die folgenden Definitionen bzw. Hinweise, was wir unter einer autotelischen Persönlichkeit verstehen können.

"Autotelic is a word composed of two Greek roots: auto (self), and telos (goal). An autotelic activity is one we do for its own sake because to experience it is the main goal. Applied to personality, autotelic denotes an individual who generally does things for their own sake, rather than in order to achieve some later external goal." (Csikszentmihalyi, 1997, p. 117).

Es hat also viel mit der Einstellung einer Person zu tun, warum man etwas in Angriff nimmt. Autotelisch gehen wir dann an Dine heran, wenn wir die Erfahrung als solche schätzen.

"The mark of the autotelic personality is the ability to manage a rewarding balance between the play of challenge finding and the work of skill building" (Csikszentmihalyi et al., 1993, p. 80).

Der zweite wichtige Aspekt nach Csikszentmihalyi ist die Balance von Spiel und Kompetenzaufbau, welche „rewarding", also so gestrickt sein sollte, das sie für einen selbst Belohnungscharakter hat.

Die Identifikation von Flow-Hemmnissen

Folgende Faktoren können als hinderlich für einen Flow eingestuft werden:

körperliche Probleme oder Krankheitszustände,

eigene oder von Kollegen begangene Fehler,

Ablenkung und Verlust der Konzentration,

negative mentale Einstellung,

niedriges Selbstvertrauen,

niedrige intrinsische Motivation.

Kapitel 4: Der Lebenszyklus eines Unternehmens

Der "Prime-Zustand"

Der Prime-Zustand einer Organisation kann beschrieben werden als optimale Punkt im Lebenszyklus einer Organisation, bei dem es in optimaler Weise gelingt, eine Balance von Kontrolle und Flexibilität herzustellen (vgl, Nowotny, 2016, S. 39).

Die folgende Checkliste hilft Ihnen festzustellen, ob sich Ihr Unternehmen Prime-Zustand befindet (vgl. Nowotny, 2016, S. 40):

( ) Die Organisation hat eine klare Vision und einen eindeutigen Zweck, welcher ihre Existenz rechtfertigt; es ist allen klar, was sie tun oder nicht tun werden

( ) Die Firma arbeitet fokussiert, energiegeladen und verlässlich

( ) Anspruchsvolle Ziele werden gesetzt und in einer abgestimmten Art und Weise gemeinsam erreicht

( ) Es gibt einen unternehmensweiten Fokus auf den Kunden

( ) Prioritäten sind klar, und die Organisation weiß was sie zu tun hat und was nicht

( ) Der unternehmerische Spirit ist überall existent, und Kreativität sorgt für profitable Innovationen

( ) Die Organisationstrukturen funktionieren gut, und wiederstreitende Kräfte können gut ausbalanciert werden

Grundvoraussetzungen für Organizational Flow

„Der Organizational Flow braucht nicht nur am Ende den Leistungsstolz, sondern zu Beginn den Aufgabenstolz." Gustav Greve

Organizational Flow wird durch Führungskräfte im Unternehmen angestoßen. Dies ist nicht von heute auf morgen möglich und erfordert organisatorische Rahmenbedingungen, deren Etablierung unter Umständen langwierig sein kann.

Erste Voraussetzung ist das bedingungslose Vertrauen in die Zukunft des Unternehmens und in die eigene Leistungsbereitschaft. Nur Mitarbeiter mit diesem Vertrauen sind bereit, Höchstleistungen zu erbringen. Im Alltag wird Vertrauen etwa durch weniger Kontrolle der Mitarbeiter und mehr Eigenverantwortung sichtbar.

Die vier entscheidenden Basiselemente für die Vorbereitung einer Organisation auf den Organizational Flow (vgl. Greve, S. 2016, S. 46):

1. **Eine ehrliche Vertrauenskultur,**
2. **Eine authentische Führung,**

3. Eine kollektive Leistungskultur,
4. Eine verlässliche Organisationsflexibilität.

Unabdingbar für eine Kultur des Vertrauens sind also Vorgesetzte mit Überzeugungskraft und Führungsstärke, eine kollektive Leistungskultur, anpassungsfähige Unternehmensstrukturen und eine starke Identifikation mit dem Unternehmen.

Ein Organisational Flow entsteht dabei nicht anders als ein persönlicher Flow: stets gilt „Flow entsteht am ehesten, wenn die projizierte Herausforderung leicht über der subjektiv wahrgenommenen Fähigkeit liegt."

Die Empfehlung liegt bei einem Anspruchsniveau, das ca. **4 bis 5 Prozent** über dem momentanen Fähigkeitsniveau liegt.

Das Lebenszyklus-Modell von Gustav Greve

Für Greve sind des vor allem drei Faktoren, welche die Rezeptivität für Organisational Flow im Lebenszyklus von Organisationen bestimmen (vgl. Greve, 2016): Alter, Unternehmensgröße und der Marktbezug. Im Ergebnis sieht er eine Matrix von fünf Elementen: (1) Kultur, (2) Organisation, (3) Kunden, (4) Kommunikation und (5) Organisational Flow.

In der horizontalen unterscheidet Greve die Phasen (1) Idee, (2) Aufbau, (3) Erfolg. (4) Kontinuität. (3) Starre sowie (6) Tod. Interessant sind die Aussagen innerhalb dieser Struktur. Ab dem Punkt der „Starre" schlag z.B. der Organisational Flow mehr und mehr in Organisationale Burnout um, Kunden werden zu Bittstellern degradiert und es herrscht eine Kultur der Grenzziehung.

Kapitel 5: Teams in Höchstform bringen

Um Teams in Höchstform zu bringen, bedarf es dreierlei Dinge: a) dem motivierenden Klima, b) der Dynamik der Selbstorganisation sowie c) einer gelebten Begeisterung und Anerkennung.

Ein motivierendes Klima schaffen

Agile und transformationale Führungsansätze unterstützen das Gruppenklima. Wie bewirken transformational ausgerichtete Führungskräfte Veränderungen im Verhalten ihrer Mitarbeiter?

Die Ansatzpunkte einer tranformationalen Führungskraft sind dabei:

Vorbild/Vertrauen,

Andere herausfordern (Inspiration),

Eigeninitiative anregen (Stimulation),

Unternehmerisch Handeln (Innovation),

Kompetenzen entwickeln (Enabling) sowie

Fair kommunizieren (Cosideration).

Im Ergebnis – so da Modell – werden Mitarbeitende das folgende Verhalten an den Tag legen:

Leistung steigern,

Loyal sein,

Neues lernen,

Teamgeist praktizieren,

Selbstdisziplin zeigen sowie

Verantwortung übernehmen

Sinnhafte und transparente Ziele mit dem Kurz-Szenario

Die Voraussetzung für sinnhafte und transparente Ziele ist eine sehr gute Kommunikation und der Einbezug der Mitarbeitenden in die Strategiebildung. Ein hervorragendes Mittel hierfür ist zum Beispiel das Kurz-Szenario.

In mehreren Schritten wird hier gemeinsam im Team ein Bild der Zukunft geschaffen, was nicht auf einer externen Expertenmeinung basiert, sondern zu einem Zustand führt, der mit „Shared Consciousness" umschrieben werden kann, also einem geteilten Verständnis, wie sich die Dinge unter Umständen entwickeln werden (vgl. Nowotny, 2016).

Selbstorganisation agil ausgestalten

Das Kanban-Borad

Eine gelungene Selbstorganisation entlastet die Führungskraft. Bei den agilen Praktiken wie z.B. Kanban ist Flow einer der wichtigen Werte. Gemeint ist hier for allem optimierte Durchfluss von Arbeit. Aber die Visualisierung dessen am Kanban Board und die gemeinschaftliche Leistungserbringung verbunden mit dem Arbeitsstolz, der sich so sehr gut einstellen kann, bedingt einen Flow in psychologischen Sinn.

Die Grundstruktur eines Kanban-Boards:

Input Queue => Aufgaben => In Arbeit => Fertig => Output Queue

Die Input- und die Output-Queue definieren die Punkte, die von einem Team jeweils betrachtet werden. Die Arbeit „fließt" dann von links nach rechts durch das Board und jeder kennt den aktuellen Stand der anstehenden Tätigkeiten. Mit Kanban wird also eine Visualisierung des Arbeitsflusses erreicht, gleichzeitig können die Prozesse nach und nach verbessert werden.

Wechselseitige Anerkennung im Team mittels Kudo-Karten

Ein Baustein aus dem Methodenkasten von Jurgen Appelos Management 3.0 sind die sogenannten Kudo-Karten: Das Wort „Kudo" kommt von griechischen „Kydos" und heißt wörtlich übersetzt „Ruhm" und „Ehre".

Die Idee ist, dass die Mitarbeitenden jederzeit etwas verschriftlichen können und sollen, welches Verhalten ihnen positiv bei einem

Kollegen bzw. einer Kollegin auffällt. Hierfür gibt es zahlreiche farbenfrohe Vorlagen, die Sie im Internet unter dem Suchbegriff "Kudo Karten" schnell finden werden.

Das Ergebnis kann dann eine „Kudo-Wall" sein, also eine Wand mit all den positiven Rückmeldungen, die das Team stets daran erinnern, dass die Kollegen ganz viele positive Eigenschaften haben, auf die es sich lohnt, stolz zu sein!

Den Transfer konkret machen

Mein Maßnahmenkatalog

Wie kann ich ein stärker flow-förderliches und motivierendes Arbeitsumfeld schaffen auf Mitarbeiter-, Team- und Bereichsebene? Welche Flow-Arenen kann/möchte/werde ich schaffen?

- ...
- ...
- ...
- ...
- ...
- ...
- ...
- ...

Meine Roadmap

Schriftliche Fixierung meiner (vorläufigen) Reihenfolge der erarbeiteten Maßnahmen bzw. Flow-Arenen für nachhaltig mehr Flow, Motivation und Arbeitszufriedenheit für meine Mitarbeitenden, mein Team bzw. meinen Bereich:

1...

2...

3...

4...

5...

6...

7...

8...

Literatur

Csikszentmihalyi, M. (1997). Finding Flow. The Psychology of engagement with everyday life. New York: Basic Books.

Csikszentmihalyi, M., Rathunde, K., & Whalen, S. (1993). Talented teenagers: A longitudinal study of their development. New York: Cambridge University Press.

Csikszentmihalyi, Mihaly (2003): Good Business: Leadership, Flow, and the Making of Meaning. Great Britain: Hodder & Stoughton.

Csikszentmihalyi, Mihaly (2004): Flow im Beruf. Das Geheimnis des Glücks am Arbeitsplatz. Klett-Kotta.

Csikszentmihalyi, Mihaly (2004): Good Business: Leadership, Flow, and the Making of Meaning.

Csikszentmihalyi, Mihaly & Szöllösi, Ingeborg (2010): Flow - der Weg zum Glück. Herder Verlag.

Greve, Gustav (2016): Organizational Flow: Der leichte Weg zur Höchstleistungsorganisation. Verlag Springer Gabler.

Ion, Frauke & Brand, Markus (2009): Motivorientiertes Führen. Führen auf Basis der 16 Lebensmotive nach Steven Reiss. GABAL Verlag.

Krahlisch, Marcus (2012): Optimal Lernen im Flow. Blog-Beitrag vom 19. Juli 2012. http://trainyabrain-blog.com/2012/07/optimal-lernen-im-flow.

Nowotny, Valentin (2016): Agile Unternehmen: Fokussiert, schnell, flexibel. Nur was sich bewegt, kann sich verbessern. Verlag Business Village.

Stangl, W. (2017): Stichwort: 'Flow'. Online Lexikon für Psychologie und Pädagogik. http://lexikon.stangl.eu/303/flow.

Tendon, Steve (2015): The Essence of TameFlow. TameFlow Press. https:// www.amazon.de/ Flow-Entdecker-Flow-Prinzips- erkl%C3%A4rt-Lebensphilosophie- ebook/dp/B00P693JGW

Zum Autor

Valentin Nowotny ist Agile Coach, Leadership-Trainer und Experte für Verhandlungsführung. Er ist Bestseller-Autor ("AGILE UNTERNEHMEN: Fokussiert, schnell, flexibel", "AGILE EVOLUTION: Eine Anleitung zur agilen Transformation", u.a.) und hat insgesamt mehr als ein Dutzend Bücher veröffentlicht.

Valentin Nowotny hat drei universitäre Abschlüsse, einen im Studiengang "Psychologie", einen zweiten im Studiengang "Medienberatung" (beide an der Technischen Universität Berlin) und einen "MBA" (Master of Business Administration) der Anglia Ruskin University in Cambridge (Großbritannien). Zudem verfügt er über eine Zertifizierung zum Professional Scrum Master (PSM), zum Professional Scrum Product Owner (PSPO) sowie eine Professional Scrum (SPS) mit Nexus Zertifizierung, jeweils bei Scrum.org.

Als erfolgreicher Trainer, Coach und Vortragsredner hat er Trainings-, Coaching- und Vortragserfahrung an den unterschiedlichsten Orten einschließlich Deutschland, Österreich, der Schweiz, Großbritannien, Frankreich, der Türkei und Indien gesammelt und hat in den Vereinigten Staaten von Amerika, in Großbritannien und in unterschiedlichen Regionen Europas gelebt.

Heute ist Valentin Nowotny Inhaber der Trainings- und Beratungsfirma NowConcept® Group Perfect Training Results mit Sitz in Berlin. Er ist ein ein versierter Trainings-Profi und Experte für die Themen Agilität, Führung und Verhandlung. Alle Kontaktdaten finden Sie auf der NowConcept-Website:

http://www.nowconcept.com

www.ingramcontent.com/pod-product-compliance
Lightning Source LLC
Chambersburg PA
CBHW030513220526
45464CB00006B/2774